지나간 추억으로
난
오늘도 살아간다

지나간 추억으로 **난**
오늘도 살아간다

초판인쇄 | 2023년 5월 25일
초판발행 | 2023년 5월 30일

지은이 | 이재성
펴낸이 | 김경옥
디자인 | 김현림
펴낸곳 | 도서출판 온북스

등록번호 | 제 312-2003-000042호
등록일 | 2003년 8월 14일

주소 | 서울시 은평구 은평로 194-6, 502호
전화번호 | 02-2263-0360
팩스 | 02-2274-4602

ISBN | 979-11-92131-22-1
잘못 만들어진 책은 교환해드립니다.
이 출판물은저작권법에 의하여 보호받는 저작물이므로 무단 전재와 무단 복제를 할 수 없습니다.

지나간 추억으로
난
오늘도 살아간다

이재성 시집

온북스
ONBOOKS

| 시인의 말 |

그동안의 삶들을 가슴으로…

50이라는 삶을 살아오면서 첫 시집을 낸다는 것에 설레임도 두려움도 함께 합니다.

그동안의 시간의 흐름만큼이나 내일에 찾아오는 일들에 언제나 신중하게 살고 싶은 마음이지만 지나온 시간을 되돌아보면 후회도 기쁨도 함께 했던 것 같습니다.

때로는 살아가는 삶에 푸념도 함께 하고 다시 한번 시작해보자 하는 욕심에 다시 용기를 내고는 하였던 그동안의 삶들을 가슴으로 풀어보고자 글을 써왔던것 같습니다.

책을 읽고 가슴속에 되새기며 내 자신에게 돌아오는 것을 하나하나 글로 표현하고 싶은 마음으로…,
한 순간의 마음 놓침이 싫어 하나하나… 기록으로 남기었던 글들을 이렇게 정리해 보았습니다.
그렇게 저만의 책 한 권을 가지고 싶었습니다.

길을 걸으며 들려오는 음악 노랫말과 같이 자연스러운 읊조림으로 글을 써 보고 싶었습니다. 늦게나마 이렇게 저의 마음의 글을 남기게 되어 소회가 깊습니다.
이 시집을 나오게 해 주신 선생님들에게 고마움을 전합니다.
화성시 보건소 김미현 선생님,
화성시 나래울 종합사회복지관 이다혜, 유기원 선생님,
한국문학 치료심리상담 연구소 김복성 박사님,
감사합니다.

2023년 3월
이재성

| 시인의 말 | - 그동안의 삶들을 가슴으로...　　　　　_ 004

1부 | 지나간 추억으로 난 오늘도 살아간다

- 지나간 추억으로 난 오늘도 살아간다　　　　_ 012
- 아버지의 부재
- 허무하고 덧없는 人生이기에 삶의 방향의 길을 찾으려 한다　_ 016
- 하루
- 가장 힘들어하고 약한 존재일 것이다　　　　_ 019
- 옛사랑
- 외로움은 외로웠기에 날 성숙하게 해 주었고...　_ 022
- 시작하며 또다시 시작한다
- 세상은 혼자가 아니라는 것을...　　　　_ 026
- 언제나 자신의 존재를 각인하고 감수하는 일이다
- 이 세상에 의미 없는 존재는 없다 한다　　　_ 028
- 내 눈에 보이는 세상을...
- 살아가면서 나만의 소망　　　　_ 032
- 매일 같이 일상적인 시간에서 놓쳐버린 내 자신을
  찾아가는 시간으로...　　　　034

목차

2부 | 그러기에 아주 먼 여행을 떠나고 싶다

- 아픔과 슬픔 그리고 기쁨이 함께 하며 바람 소리에 사라지는 것 이것이 인생이다 _ 038
- 시작하고 다시 볼 것이다 _ 040
- 삶과 죽음에 대한 약속
- 지나간 시간 속에서 지금의 나를 찾는다 _ 043
- 사계절
- 행복 I _ 046
- 그러기에 아주 먼 여행을 떠나고 싶다
- 살아가면서 가지고 있어야 할 삶의 마음 10가지 _ 050
- 그녀에게 _ 첫사랑
- 추억 _ 국민학교 운동장 _ 052
- 이렇듯 세상은 선과 악이 존재한다
- 나 _ 055
- 가족
- 이 밤 조용히... _ 057

3부 | 밤하늘에 빛을 발하는 별을 바라보며…

- 밤하늘에 빛을 발하는 별을 바라보며 _ 060
- 그냥 그렇게 소리 질러 보자!
- 파란 하늘에 흐르는 구름을 바라보며 _ 062
- 인생
- 삶의 고요함과 침묵 _ 064
- 사랑
- 삶의 지혜 _ 066
- 인간
- 지혜로움과 현명함 _ 070
- 자아 성찰
- 우정 _ 074
- 스쳐 지나는 한순간의 인연 속에서
- 자연을 바라보는 순수한 눈으로 _ 078
- 삶에서의 자기애
- 한 줄의 글로 남긴다 _ 081
- 삶을 살아가는 이유
- 죽음과 삶 _ 084
- 자신의 아픔의 무게를 돌아보지 않고
- 삶의 절박함 _ 087

4부 | 존재의 까닭을 알게 되었다

- 꿈과 이상 _090
- 삶
- 참마음 _092
- 그렇게 아주 조용히 조금씩 스며든다
- 존재의 까닭을 알게 되었다 _096
- 행복 Ⅱ
- 진리를 알고 그곳에서 살아가는 사람 _100
- 물음표
- 재미있게 살아왔다고... _104
- 길
- 살다 보면, 살아가다 보면 _106
- 받아들임
- 삶의 기도 _108
- 깨달음
- 참다운 삶을 걸어가는 방법 _112
- **孝**
- **善** 과 **惡** _114
- 하늘의 이치
- 희망 _116

5부 | 행복할 것입니다

- 바람　　　　　　　　　　　　　　_ 118
- 행복할 것입니다
- 너　　　　　　　　　　　　　　　_ 120
- 언제나 한마음으로…
- 마음을 보존하라　　　　　　　　　_ 124
- 순간순간의 시간에 당신을 기억할 것입니다
- 자아(自我)　　　　　　　　　　　_ 126
- 사랑함에 이별의 종착지인가 보다
- 비 내리는 아침에…　　　　　　　　_ 129
- 인연
- 나의 삶　　　　　　　　　　　　　_ 132
- 불현듯 스치고 지나가는 꽃내음
- 기다리고 있소　　　　　　　　　　_ 134

지나간 추억으로 난
오늘도 살아간다

지나간 추억으로 난 오늘도 살아간다

지나간 추억으로 난 오늘도 살아간다
인생은 한낱 허무한 삶의 무게에 지쳐
하지만 스스로의 삶에
의미를 두며 살아간다

인생은 현실이며 진지하며
내일을 기다리며 달려간다
내가 돌아갈 곳은 또한 가야 할 길은
기쁨도, 슬픔도 아닌 현실에서 충만하며
노력하여 땀을 흘리는 이곳이다

지나온 세월은 덧없이 흘러가지만
내일에 우리 가슴에 찾아오는
미래는 꿈을 꾸며 설계를 할 수 있다
이 세상 넓고 넓은 인연들 속에서 말 못 하고
쫓기는 삶이라도 현실에서
미래를 위하여
준비하는 과정이 삶이다

오늘을 위해 힘들어 하지 말고 행동하라!
생각하고 행동하며
살고 있는 현실에서 행동하라!
심장은 뛰며 머리는 생각을 하며
이 세상 떠날 때는 시간의 발자국에
나 자신을 남긴다

아마도 후일에 지나가는 사람들은
끊임없이 무언가를 성취하고
추구하면서 살아가겠지…

아버지의 부재

오늘도 전 당신을 생각하며 그리워합니다
물론 당신이 저의 곁에
살아있었다는 이유로 그리워합니다
눈을 감고 당신을 그리며 기도합니다
육신의 아픔으로 세상을 등진
당신에게 기도합니다

가슴을 열고 당신의 모습을 생각하며 기도합니다
육신의 아픔에서 벗어나 그곳에서는
웃음을 지으며 살아계시기를 기도합니다
그곳에서는 많은 것들을 바라보시며
저희들을 바라보시고 계시겠지요

당신은 그곳에서 우리와 함께 하시었던
지난날들에 행복을 가지게 될 것입니다
당신은 이곳에서의 기억을 간직하며
행복을 가지기 바랍니다

당신이 힘들어하며 열심히 살아가시던
모습에 마음이 아파 옵니다

고생하셨습니다

허무하고 덧없는 人生이기에 삶의 방향의 길을 찾으려 한다

가끔 난 어느 곳에 서 있는지를 모르는 채
걷고 있는 내 모습을 보게 된다
가끔 난 어떤 삶의 방향의 길로 걷고 있는지
모르는 내 모습을 보게 된다
가끔 잠시나마 내 자신을 내려놓고 살아간다

지나가는 시간들에 내 모습을 바라보며
덧없다 생각한다
가슴 깊은 곳까지 밀려오는 허무함과
덧없음에 생각한다
이렇게 살아가는 것이 人生이라고…
허무하고 덧없는 人生이기에 삶의 방향의
길을 찾으려 한다

흐르는 물같이, 불어오는 바람같이
삶의 방향의 길을 찾으려 하나
살아온 人生이 이렇다 말하며
만족함의 길을 걷고 싶다

지금의 내 모습으로 기뻐하고 즐거워하며
삶의 방향을 갖고 싶다

모든 삶의 근원은 행복에서 출발한다
조그만 일에서부터 시작해
내일의 큰 꿈을 꾸며 살아간다
그리고 항상 솔직한 마음으로
세상을 바라보련다

하루

창밖의 새벽 동이 트며 하늘의 문이 열린다
하루가 시작되며 신간의 흐름을 보게 된다
오늘의 하루를 어떻게 시작 할것인가!

내 몸이 갈 곳으로 나의 시간을 채우리라!
지금 내가 서 있는 이곳에서 시작이라는
단어로 하루를 연다

마음의 근심과 욕심에 탐욕을 갖기보다는
한 걸음, 두 걸음 걸으련다
눈을 감고 조용히 생각한다
삶의 어리석음에서 삶의 너그러움으로
나를 걷게 하련다

물 흐르는 순리대로 오늘에서 내일을 시작한다
동이 트는 곳에 삶의 길이 보일 것이다

하루가 시작되는 오늘...

가장 힘들어하고 약한 존재일 것이다

자주 언제나 가슴속에 그리며 꿈꾸는 것
지혜로움으로 주위를 바라보는 눈으로
내 자신을 바라보는 것...
현실적인 모습보다는 나아지는,
꿈을 꿀 수 있는 기다림 ...

지금의 내 자리를 현명함으로 식별할 수 있는 것...
주위 사람들에게서 지혜로움과 현명함을
식별할 수 있는 것...
내 자신이 살아있음으로 해서 행복함을
느끼는 것이 사람이 아닐까!

가을 들녘에 불어오는 바람에, 자연 속에서
바라보는 내 자신
가장 힘들어하고 약한 존재일 것이다
그러나 난 내일을 꿈 꾸며 일어서련다

그러므로 난 내 자신을 바라보며 내일을 꿈꾼다

옛사랑

이제는 옛사랑의 추억으로
이 비를 맞으며 걸으련다
옛사랑...
서로가 서로의 마음에 큰 의미로
존재하던 그 때의 기억들
이제는 옛사랑에 마음속의
눈물이 되어 흐른다
서로가 서로에게 따뜻함이 존재하던
그때의 추억들...

서로가 한 몸이 되어 삶의 동반자로
걸으리라 약속하였던 그날의 그리움
오랫동안 행복하리라!
옛사랑과의 추억으로

옛사랑... 손을 잡고 영혼이
하나가 되어 가던 그날의 추억들...

입맞춤으로 서로에 선물의 약속을 하며
설레이던 그날의 추억들...

오늘 이 순간 속에 옛사랑의 그림자

모든 길에서 모든 시간에서
옛사랑은 나의 가슴에
큰 존재로 남는다

**외로움은 외로웠기에
날 성숙하게 해 주었고...**

오늘 이밤 하늘과 별과
그리고 달을 바라본다
무심코 고개 들어 내 자신이
살아 있음을 감사드린다
행복을 가지고 만족할 줄 아는
존재로 살아가고 싶다

날마다 보는 하늘과 별과
그리고 달을 바라보며
지금의 내 모습을 바라본다
따라서 후회도 삶의 번민도 있지만
그것들을 붙잡지 않으련다
모든 것은 시간의 흐름으로
내일이 있고 모래가 있기에...

외로움은 외로웠기에
날 성숙하게 해 주었고...
기쁨과 행복은

삶의 마음의 평화를 주었다
언제라도 난 갈 수 있는
삶의 가족들이 존재하므로...

바람 소리에 들려오는 숨결에
세상을 바라본다
돌아갈 수 있는 가족들이 존재하기에
힘과 지혜를 가질 수 있었다
나에게 존재하는 저녁노을이 지듯이
가족들이 내 가슴에 자리한다

언제나 그립고 마음 아린 존재로...

시작하며 또다시 시작한다

잠시 가슴속의 어지러움부터,
혼란에서 벗어나고 싶다
보이는 눈과 들리는 귀를 막고
고요함에서 서 있고 싶다

마음의 스스로움의 여유로 치유되고 싶다
이 삶을 살아가면서
나의 영혼을 지키며 살아가고 싶다

가슴속의 어지러움부터,
혼란에서 벗어나
스스로 다가올 미래를 준비하는…

마지막 순간을 기다리며 자신의
삶의 불꽃을 위하여 열심히 달리고 싶다

시작하며 또다시 시작한다
모든 것을 새로움으로 여행을 떠나련다

석양 달빛 지는 새벽...
흐르는 빗물에 내 몸을 적시고 싶다
그리고 아침에는 밝고 가벼운 마음으로
저 문을 나서려 한다
왜냐하면 난 아직도 숨을 쉬고 있다

난 아직도 내일을 꿈꾼다
멈추지 않고 한 걸음,
두 걸음 천천히
조용히 걸으련다

세상은 혼자가 아니라는 것을...

비 내리는 아침 비바람 맞으며 걸어 보고 싶다
빗방울 잔뜩 맞으며 아스팔트 빗내음에
많은 생각을 하고 싶다
바쁘게 지나다니는 사람들로 하여금
삶의 여유를 갖게 하고 싶다

언제나 침묵과 고요함보다는
떠들썩함에 지쳐 숨 쉬며 살아가는 우리네들
살아 있다는 인간의 모습보다는 살기 위해
발버둥 치는 우리네들...
하지만 우리는 알아야 한다
세상은 혼자가 아니라는 것을...

살아가면서 어떤 무엇인가를 포기하는지,
때로는 집착에 욕심의 눈으로 세상을
바라보고 있는지를...
아직도 비바람이 심해지는
삶의 길을 걸으면서...

언제나 자신의 존재를 각인하고 감수하는 일이다

난 삶의 무게를, 가치를 가늠할 수 없는 존재…
오늘 하루가 가면 내일이 온다는 현실일 뿐…
아무 예고 없이 밀려오는 인연에
삶의 의미를 가질 뿐…

아무것도 갖지 못하고 소유하지 못하는 것!
한낱 괴로움과 슬픔은 지나가는
순간의 소나기일 뿐
삶에서 가장 두려움은 자신을 잊어버리는 것…

그렇기에 나는 알게 되어 간다
한 인간이 또 다른 인간…
자신을 알아가는 것이 삶을 살아가는 것이라고…
오직 내 자신이 진정하고 진실된
과정을 밟고 있다는 것!

언제나 삶은 자신의 망각과 더불어 온다는 것을…

이 세상에 의미 없는 존재는 없다 한다

이 세상에 의미 없는 존재는 없다 한다
각 의미의 운명과 길은 자신이 살아가면서
만들어 내는 것

그 자체의 특별하지 않은 삶의 노력으로
만들어 내는 것

세상의 눈으로 보이지 않고
자신의 눈에 보이는 삶으로 지내는 것
그렇게 살아가면서 자신의 길을 찾아가는 것
하지만 우리는 이 삶에 아주 조그마한 존재일 뿐…
이 가치가 우리가 살아가는 삶의
유희이며 규칙일 것이다

세속적으로 자신의 삶의 길을 바라보며
끝없이 반성하며 관찰하는 것
우리가 가장 소중하게 대하며
생각을 하는 것은 무엇인가!

그 무엇도 알지 못하지만 우리는
여전히 내일을 생각한다

그래서 지난간 삶은 되돌릴 수 없는 흐름

그렇기에 언제나 살아가는 삶에
의문이 존재한다
한곳에 머물러 존재하지 않듯이...

내 눈에 보이는 세상을...

세상이 밝아오며 안개 자욱한 아스팔트
도로 위를 걷는다
내 마음은 설레임으로 시작하며
오늘 하루를 맞이한다
도로 위의 수많은 사람들 속의 행복 기쁨,
슬픔 모두가 보인다
언제나 노심초사하며
조바심으로 삶에 쫓기듯
지나 온 내 삶
그렇게 나는 늘 생각하며, 걱정하며 살아왔다

삶은 행복과 기쁨만이 존재하지 않는다
하지만 난 그렇게 또
행복과 기쁨을 향하여 걷고 있다
난 믿고 싶다
행복과 기쁨은 자신의 곁에 존재한다고

나에게 묻고 싶은 이유이다

진실로 삶에 여유로움을 가질 수 있는 것은
무엇인가라고?
그것은 자신의 거울에 보여지는 모습에서
볼 수 있을 것이라고 생각한다

비록 수많은 인내와 고통의 끌어당김에도,
떨어뜨림에도 찾으련다
웃음을 찾으며 행복과 기쁨을 찾으려
열심히 걸으련다
내 눈에 보이는 세상을

살아가면서 나만의 소망

오늘이 가고 내일이 찾아오며
내 삶의 무게를 생각해 본다
때로는 마음의 조바심으로
가슴이 메여 올 것이고
때로는 마음의 기쁨과 안녕으로
가슴이 벅차오를 것이고
이렇게 세상의 그림자로
살아가게 될 것이다
내 삶이 이 세상의 주인공이
아니라는 것을 알아가며

세상사 부질없고 허무함을 모두 비우고
그곳에 의미를 가지련다
때로 삶의 욕망이 커지는 날에는
생각을 할 것이다
조용한 마음으로 지난날을 회상하며...

삶은 구름처럼 바람처럼 때로는 안개처럼
손에 잡히지 않는 것이므로

말없이 아주 조용히 바라볼 것이다
현실의 내 모습을
그리하면 욕심 없는 발걸음으로
하루를 시작하겠지!
그렇게 오늘 하루는 새로운 발걸음 출발

모든 기억들이 사라지고 지워져도
슬퍼하거나 외로워하지 말고
마지막이라고 생각하며 기쁜 마음으로
시작 할것이다

매일 같이 일상적인 시간에서 놓쳐버린
내 자신을 찾아가는 시간으로...

홀로 난 이렇게 조용히 살아가고 있다
하지만 주위에서 들려오는 소리에
고개를 들어 주위를 바라보게 된다
가슴속의 지난 날...
애환들을 정리하며
살아 숨 쉬는 내가 되련다
아련해지는 삶의 미련을 묻어둔 채
세상 속으로 걸어가련다

기약도 약속도 없지만
삶의 소중함을 갖고 살아가련다
살아가며 넋두리와 한숨 쉬는 시간은
허무함만이 존재할 것이다
허울뿐인 마음속의 욕심은
모두 비워 버리고 따뜻한 가슴으로
세상을 바라볼 것이다

우연한 이유로 나는
내 자신의 슬픈 자화상을 보았다
그러기에 다시 내 모습을 찾아
떠나는 마음으로 살아가련다
가슴 한곳에 묻어 놓았던
삶의 목표를 향하여 걸어가련다

매일 같이 일상적인 시간에서
놓쳐버린 내 자신을 찾아가는 시간으로
가슴 당당하게 세상 속으로 걸어가련다

2부

그러기에 아주 **먼**
여행을 떠나고 싶다

아픔과 슬픔 그리고 기쁨이 함께 하며
바람 소리에 사라지는 것 이것이 인생이다

한 사람의 인생…
지난날이 시가 되고 추억으로 남는다
아픔과 슬픔 그리고 기쁨이 함께하며
바람 소리에 묻히는 것
이것이 인생이다

내 가슴으로 밀려오는 잊혀졌던
모든 시간들이 영화 속 필름으로 지나간다
아픔과 슬픔 그리고 기쁨이 함께 하며
바람 소리에 사라지는 것
인생이며 흘러간 옛 영화이다

오늘도 지나간 인연들을 그리워하며
술잔을 기울인다
내가 살고 있다는 것을 느끼며…
꽃이 피고 지며 해가 뜨고 지듯이
숱한 밤을 지새우게 된다
이것이 인생이다

어느 날 책장 속에
옛 추억의 사진을 만난다
지난날의 옛 여인의 모습
그렇게 살아가며
옛 추억에 잠기는 것
이것이 인생이다

시작하고 다시 볼 것이다

새로움을 그리고 시작이라는 말에
난 또다시 시작한다
지나 온 잊은 것에 가끔은 마음 아프겠지만
새로움의 설레임으로 시작한다

빗속을 걸으며 나 자신을 보호해 줄 것은
아무것도 없듯이 난 가만히 눈을 감고
출발선을 그려 본다

나의 나이가 채워질수록 수천 개의
보이지 않는 별들에 의미를 두련다
보이지 않는 별들에 나는 지금
이렇게 성장을 하고 있기에!
지금부터 조금씩 노력해야
할지도 모를 것이다

나의 나이가 삶의 무게에서
내려놓을 것이 많기 때문이다

시작하고 다시 볼 것이다
모든 것을 저 노을 지듯이
내 삶이 마침표를 찍을 때
그 모습을 회상하며 웃을 것이다

그것이 새로움을 그리고
시작이라는 말이 인생이다

삶과 죽음에 대한 약속

살아 숨쉬기에
죽음에 대한 두려움이 존재하겠지
살면서 수많은 인연들을 맺으며
약속들도 하지!
영원하자고들...
그러나 살아가면서도 이별을 하는 삶
이별은 그렇게 쉽게 말하고
새로운 인연을 찾는 것이 삶이다
하물며 죽음에 대한 두려움을 망각하고
우리는 영원하자고들 말한다
삶과 죽음의 한 공간에
존재하면서도 말이다
오늘의 인연에 충실함이
일의 죽음에 대한
영원함을 약속한 것에 대한
신뢰가 아닐까 생각해 본다
그렇게 가슴 아픈 이야기가
삶이 아닌가 생각해 본다

지나간 시간 속에서 지금의 나를 찾는다

나의 오랜 인연들 속에 밀려오는 그리움은
왜 찾아오는 것일까?
지나온 모든 시간 그리고 사람들에 대한
그리움으로 마음이 아파 온다
어릴 때 함께 웃고, 울던 그 인연들은
어느 곳에 존재하는 것인가?
때로는 젊은 날에 함께 미래를 걱정하며
밤을 새우던 벗들
그러한 인연들에 대한 미련은 아픈 추억,
그리움으로 나의 가슴을 채우며
잠을 못 이루게 하는 밤을 만든다
다시 붙잡을 수 없는 지나간 시간이라는 것을
알면서도 가슴속에 차오르는
미련으로 그 시간들을
가슴속에 되새기어 본다
지나가 되돌릴 수 없는 그 시간들이
지금의 나를 있게 해 준 소중한
시간으로 생각하련다

사계절

계절이 사계절이듯 나의 마음도
철마다 찾아오는 향기는
봄 향기가 되어
나를 감정에 빠져들게 한다

여름철 무서운 기세로 내리는 장마 비에는
한없이 달려 보고 싶다

아픈 상처로 내 가슴 깊은 곳에
자리 잡고 있는 그녀를 그리며
낙엽이 지는 가을 산을 걷고 싶다

이 가을 내 발자취를 남기고 싶은 계절
하얗게 쌓인 눈길을
연인과 손을 잡고 걷고 싶다

서로에 대한 마음을 알아가는 시간 속에
성숙된 모습을 만나 보고 싶다

언제나 찾아오는 사계절을 가끔은
이렇게 만들어 가며 살아가고 싶다

현실 그리고 삶의 이탈이 아닌
나 자신을 찾아가는 길로 걷고 싶다

현실 그리고 삶의 이탈이 아닌
나 자신을 찾아가는 길로 걷고 싶다

그렇게 나만의 사계절을 만들어 가며
내 모습을 찾아가고 싶다

그렇게 나만의 사계절을 만들어 가며
내 모습을 찾아가고 싶다

지금은 누군가를 만나 손잡고
서로의 마음을 알아가는 계절
겨울이다

행복 I

어떻게 무엇을 위하여 살아가는 삶이
행복한 삶이라 말할 수 있을까?
자신의 꿈을 목표를 향하여 달리는 삶
주위를 돌아보며 물질적으로는 가난하지만
마음은 따뜻한 삶
아니면 오로지 살며 힘들고
지친다고 포기하는 삶

어떻게 자신의 길을 찾아 행복하며
만족하는 삶을 찾을 수 있을까?
산속의 새소리에도 어미를 부르는 목소리일텐데...
무심하게도 지금 내 주위에는 아무도 존재하지 않는다
오로지 외로움에 밀려오는 공허함으로
가슴에 찬바람이 불어온다

지금 나에게 필요한 것은 무엇일까?
행복을 그리며 모든 욕심 버리고
나 자신만을 위하여 걸어가는 것이 나의 길

그렇게 나의 길 만을 위하여
목표를 갖고 걸어가 보련다
그렇게 걷다 보면 어떤 무언가가 나를 반기겠지

행복만을 위한 삶이 아닌
마음의 평온함과 안식함을 가지련다

이것이 인생이 아닌가 생각해 본다

그러기에 아주 먼 여행을 떠나고 싶다

텅 빈 마음으로 새로운 마음을 채우기 위하여
긴 여행을 떠나고 싶다
지금의 텅 빈 마음으로는
이 하얀 종이 위에 아무것도 채울 수 없을 듯
공허함만 밀려 온다
배고프다
이 백지 위에 무언가를 가득 채우고 싶다

현실에서의 만족감으로
내일을 채울수는 없을 것이다
그러기에 어디론가 멀리 여행을 떠나고 싶다
그곳에서 이 허기진 배를 채우고 싶다
허무함과 공허함에서 채워지는 것이 아닌
설레임으로 새로운 것에 대한 배움으로
채우고 싶다
지금의 나의 배고픔을...

몰랐던 그리고 처음 보는
새로움으로 채우고 싶다
그러기에 아주 먼 여행을 떠나고 싶다
어제에, 오늘에 안주하는 모습이 아니고 싶다
그러기에 아주 먼 여행을 떠나고 싶다
지금의 배고픔으로...

살아가면서 가지고 있어야 할
삶의 마음 10가지

어둠 속의 빛에서 볼 수 있는 현명한 눈과 냉철함
웃음과 환희로 반겨주는
가식적인 행동을 느낄 수 있는 냉철함
웃음 속에 숨어 있는
그 사람의 슬픔을 볼 수 있는 따뜻한 가슴
살아가면서 진실과 거짓을 구분할 수 있는 삶의 지식
달콤한 사탕발림보다는 솔직함으로
상대방을 바라볼 수 있는 슬기로움
현실에서의 행복에 안주하기보다는
건설적인 미래를 그리는 현실적인 냉철함
삶의 가벼움보다는 삶의
내면적 무게감을 만들어가는 지혜로움
자신을 똑바로 거짓 없이 바라볼 수 있는
솔직하고 진실된 눈과 마음
어제보다는 오늘 그리고 오늘보다는
내일을 위하여 살으려는 삶의 자세
선과 악을 구별하여 그것으로 삶에
행동으로 실천하는 것

그녀에게 _ 첫사랑

그녀를 보고 싶다 : 꿈에서라도...
그녀를 만나고 싶다 : 가상에서라도...
그녀와 이야기를 하고 싶다 :
그때 네 마음을 몰라주어 미안하다고...
그녀에게 고백하고 싶다 :
너의 존재가 아직도 나에게는
큰 존재로 자리하고 있다고...
그녀에게 진실을 말해주고 싶다 :
네 어머니가 글쟁이라 안 된다고 하셨다고...
그녀에게 또 한 번 말하고 싶다 :
우리의 헤어짐은 서로에 대한 오해에서 기인 했다고...
사랑과 믿음은 컸지만 서로에게
그 마음을 표현하지 못하였다고...
그녀에게 진실을 말 하고 싶다 :
사랑하고 사랑한다고...
이 마음은 영원할 것이라고...
그녀에게 꼭 이야기하고 싶다 :
너만 생각하면 가슴이 메여오고 눈물이 난다고...

추억 _ 국민학교 운동장

고추잠자리 잡으러 뛰놀던
국민학교 운동장
고추잠자리에 실로 묶어 함께
뛰놀던 그때의 꼬마 놈들
땅강아지 잡아 모래성 쌓아
모아 놓고 놀던 국민학교 운동장
땅강아지는 어느새 모래성 속에서
숨어 들어가네

철봉 밑에 땅을 파
그곳에 물웅덩이를 만들어 놀던
국민학교 운동장
그곳에 빠진 놈은 만들어 놓은 놈과
한바탕 주먹다짐

오징어 게임하며
시간 가는 줄 모르고 놀던
국민학교 운동장

우리는 한 놈씩
엄마들에게 잡혀가 혼나네

그렇게 우리네 운동장은
놀이터이며 아지트였는데
이제는 초등학교 운동장으로
잔디 깔린 인위적 운동장이 되었네
놈들은 고추잠자리도,
땅강아지도,
오징어 게임도 모르는
불쌍한 놈들…

이렇듯 세상은 선과 악이 존재한다

진실되고 참으로 살고 싶다
가식과 거짓이 아닌 마음과 생각으로
타인을 부러워하거나 시기하고 싶지 않다
단 하나의 마음…
나 자신을 아끼고 사랑하며 살고 싶다

겸손과 미덕으로
나의 삶의 질적 가치로 살아가고 싶다
진실되고 참으로 살아가는 者는 아름다울 것이고

가식과 거짓으로 살아가는 마음은 괴로울 것이고
타인의 부와 명예를 욕심내지 않는 者는
자신의 삶이 풍요로울 것이고
욕심과 자만이 아닌 겸손과 미덕으로
살아가는 者의 삶은 행복할 것이고

이렇듯 세상은 선과 악이 존재한다
당신은 이 둘 중 어떤 삶을 살고 싶으신가요

나

삶을 살아오면서
이제는 삶에 의미를 찾게 되는 나이 50
이제는 그 삶의 정답을 찾고 싶다
살아오면서 난감함과 암담함은
언제나 나에게 삶의 무게감을 주었다
그러나 지금이라도 허물어질 것 같았던 삶도
아무렇지도 않게 내일을 맞이한다

이제는 내 삶의 책임감을 갖고
그 삶의 정답을 찾으련다
삶이란 힘들어하면서도 두려워하면서도
그 삶을 위해 언제나 노력한다
한 걸음, 두 걸음 열심히

공원 벤치에 홀로 앉아 조용히
자신의 지나온 삶을 되돌아본다
오가는 사람들 속에서
나의 존재의 의미를…

가족

지친 마음을 위로하고 평안히 감싸주며
용기와 힘을 주는 가족
몸과 마음이 따뜻해지고 서로에게
부담 없이 의지할 수 있는 가족
자신의 소망과 꿈을 살아가는데 곁에서
말없이 지켜봐 주는 가족
언제나 따뜻한 느낌을 주는 가족
사랑도 행복도 맑은 마음을 한없이 나누어 주는 가족
살아간다는 것에 감사함을 주는 가족
가족... 그 존재만으로도 든든함을 갖게 해 주는 가족
나의 가슴에 큰 사랑으로 존재하는 가족
언제나 나의 기억 속에서
아름다운 추억을 만들어 주는 가족
밤하늘에 빛나는 별들을 함께 바라보며
서로를 품고 살아가는 가족
문득 걸어가던 길에서 그리워
달려가 안기고 싶은 가족
그래서 언제나 함께하고 싶은 가족

이 밤 조용히...

보고 싶고 이야기 나누고 싶어도 곁에 존재하지 않는 사람이 있습니다
함께 걷고 싶어도 함께 존재하고 싶어도 못 하는 사람이 있습니다
함께 하면서 행복하고 싶어도 가슴만을 아파 오게 하는 사람이 있습니다
밤에 들려오는 빗소리에 그리움으로 찾아오는 사람이 있습니다

그래서 나는 밤에 들려오는 빗소리가 그리움으로 들려온다
하염없이 밀려오는 그리움에 마음에서 눈물 흐른다
이 밤 조용히...
그리움의 사람의 숨결이 들려온다

그리움 자체로 이미 충분한 외로움으로 눈물이 된다
아무렇지도 않게 덧없이 흘러가는 시간 속에 떠나보낸다
어떤 날은 문득 그리움으로 찾아오는 사람이 있습니다

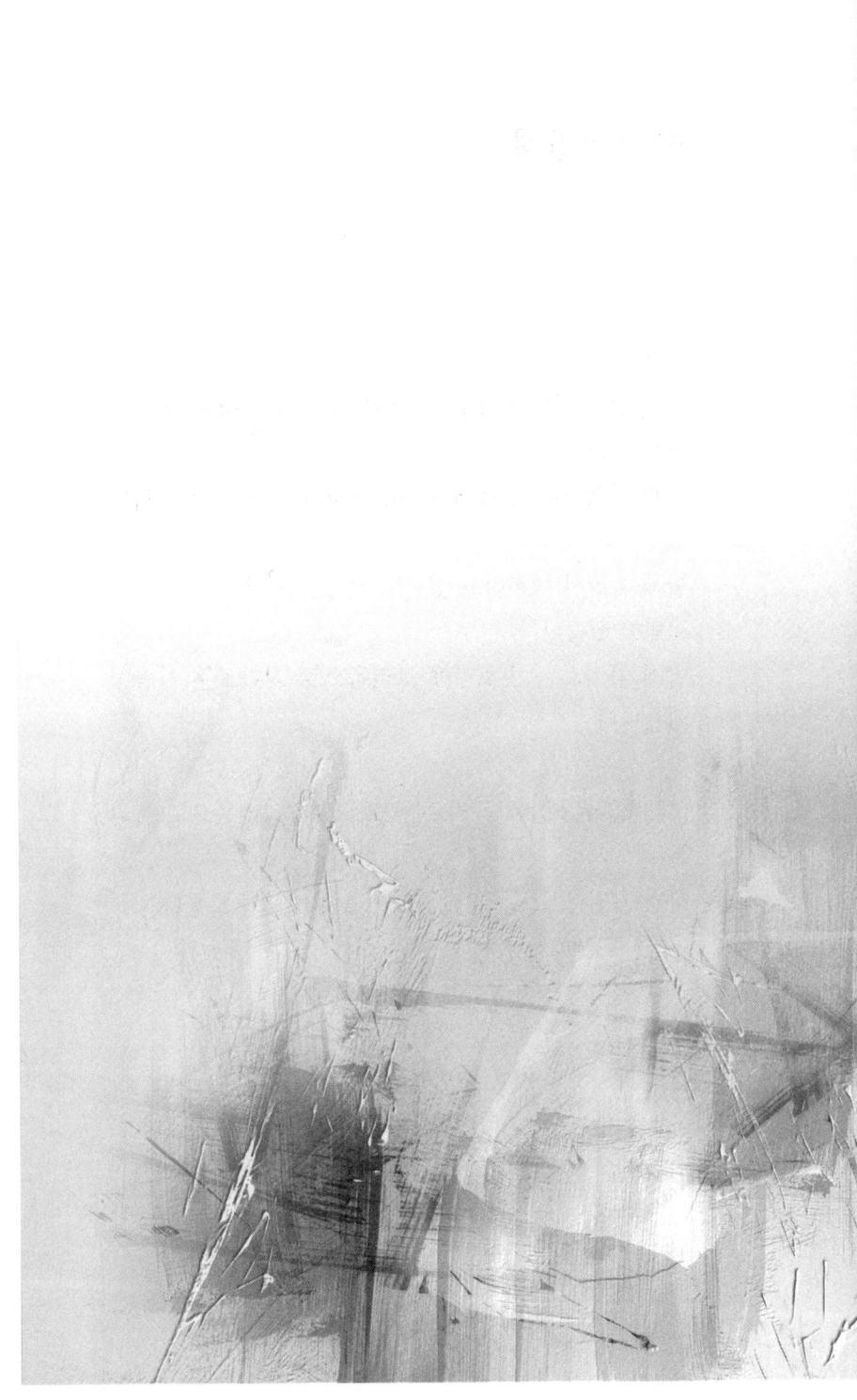

3부

밤하늘의 빛을 발하는 별을 바라보며

밤하늘에 빛을 발하는 별을 바라보며...

언제나 깨끗하고 싱그럽게 빛을 뿜어내는 밤하늘
밤하늘 별을 가슴에서 멀어지지 않게 간직한다
그 밤하늘 별들을 바라보며 따뜻한 가슴이 되어간다

밤하늘에 불어오는 풀내음에 취해
외로움은 그리움이 되어간다
밤하늘에 별이 빛나며 풀내음에
자신의 마음을 알아간다
짙게 내려앉은 고요함에
밤하늘의 별들은 빛을 더 바란다

밤하늘이 깊어질수록 자신의 삶을 되돌아본다
미움 그리고 시기하는 마음은 사랑하는 마음으로
자신의 삶을 되돌아보며 조금만 더 뜨겁게 살아보자!

밤하늘의 별이 빛을 바랄 때
역동적인 내일을 계획하자!
조용한 마음으로, 조금은 의연한 마음으로

그냥 그렇게 소리 질러 보자!

살면서 숨쉬기 힘든 만큼 아무도 없는 곳에서
원 없이 소리 지르고 싶을 때
마음 닿는 곳에서 원 없이 소리를 질러 본다
그 소리는 메아리가 되어
내 가슴에 들려와 가슴 후련하게 한다
답답하고 마음의 정리가 되지 않을 때
소리 크게 질러 보자!

살면서 힘들고 답답할 때는 언제나 찾아온다
그냥 그렇게 소리 질러 보자!
힘들고 답답한 가슴을 내려놓은 방법이므로

홀로 절박한 외로움이 찾아올 때 자신을 뚜렷이 보자!
그러면서 목청 높여 소리를 질러 보자!
그러면 현실의 자신의 존재를 보게 될 것이다

날마다 찾아오는 절박한 외로움은
내일의 행복함으로 찾아온다

파란 하늘에 흐르는 구름을 바라보며...

햇살 따스한 어느 날 오후...
파란 하늘에 흐르는 구름을 바라보며...
나 혼자 바라보고 느끼기에는
아까운 만큼의 어느 날 오후

누군가에게 좋은 음악을
들려 주고 싶은 만큼의
어느 날 오후
나에게도 위로가 되고 힘이 되는 기분 좋은 날
어느 누군가에게는 소중한 사람이 되고 싶다

맑은 햇살에 불어오는 바람에 몸을 실어 떠나고 싶다
저녁노을 지면 평안히 누워
저 밤하늘의 별들을 세어 보고 싶다
그렇게 감사하고 행복한 마음으로
살아가고 싶다

조용히 고요한 마음으로 행복한 일상에서...

인생

인생에서는 어떤 누구에게든
찾아오는 것들이 있을 것이다
그렇듯 느끼는 것,
밀려오는 감정들도 여러 가지겠지
때로는 삶의 희로애락에 해가 뜨고 지듯
시간은 흐르겠지

그러므로 인생은 맑은 날도 있고
흐린 날도 있을 것이다
그래서 현실에서 너무 큰 욕심을 바라지 말고
그래서 현실에서 화려한 꿈을 바라지 말고
그냥 그렇게 매 순간에 감사하며 살아가야 한다

하루하루를 내 인생에 감사하며
겸손한 마음으로...
내 주위에 존재하는 모든 것에
감사하는 마음으로...
그래 그렇게 살아가는 것이 인생일 거야!

삶의 고요함과 침묵

세상의 수많은 말만큼이나 난무하는 말이
나를 때로는 지치게 한다
내 영혼의 그림자 속에 묻혀
실체가 없는 현실이 때로는 날 지치게 한다
세상의 수많은 공허한 말들에
때로는 날 지치게 한다
그리하여 나는 바람이 부는 대로
풀잎이 되어 떠나고 싶다
순간순간 영혼에 사로잡혀 진실을 버리고
이야기하는 것에 때로는 날 지치게 한다
그렇게 고요함과 침묵이야말로 삶의 자유일 것이다
자연 현상으로 되돌아와 삶의 자유를 찾고 싶다
마치 자연이 그러하듯
고요함과 침묵 또한 그러할 것이다
스스로에 대하여 판단하고 생각한다는 것은
삶의 혼돈을 초래할 것이다
거기서 문득 느끼고 찾아오는 것이
자연 속의 고요함과 침묵일 것이다

사랑

누군가에 말하고 싶다 무엇보다도
아름답고 소중함은 그 누군가와 나라고
언제나 함께 손을 잡고 어깨를 빌려주며
거닐 수 있다는 것
경이로우면서도 아름다운 것은
함께 할 수 있다는 것
서로의 영혼을 가슴 깊이 간직하며
서로를 허락한다는 것
육신에 얽매인 서로의 굴레를 풀고
정신적으로 교감하는 것
홀로 떨어져 나온 외로움이 아닌
서로 볼 수 있을 만큼의 거리에서 서로를 바라보는 것
그리하면 눈에 보이는 모든 세상은
그토록 빛을 발할 것이다
때가 되면 봄이 오고 여름이 오듯
서로의 마음을 이해하는 것
무엇보다도 서로를 향하여
마음이 열려 있어야 할 것이다

삶의 지혜

내가 만약 어떤 이에게서
새로운 삶의 지혜를 받을 수 있으면
그것은 행복일 것이다
물론 그렇게 나의 삶의 풍요롭고
결코 헛되지 않을 것이다
그 지혜는 나의 인생 그 자체로서,
실체로의 삶의 길이 될 것이다
삶의 환희 또는 고통 그리고
행복이나 불행을 의미하지는 않을 것이다
삶의 지혜는 인생 길의 배움일 것이다

그렇게 나는 하루하루 거듭날 것이다
나는 끊임없는
삶의 변화의 모습을 볼 것이다
나는 스스로를 잃어가는 것이 아니라
나 스스로를 찾기 위한 길이다
마음이 따르는 길을 향하여 걷다 보면
올바른 길잡이가 될 것이다

두려워하지 말고 망설이지 말 것이며
행하고자 하는 방향으로 걸어가자!
그렇게 더욱 겸손한 마음으로
他人을 칭찬하며 노력하는 것이다
삶의 지혜란...

인간

세상에 존재하는 모든 것에는
영원히 영혼이 존재한다
그 존재가 존재로서의 영혼으로
의미를 두고 증명한다

그 존재의 영혼의 의미를 깨달았을 때
인간으로서 의미를 갖게 된다

영원한 존재의 의미의 깨달음에
그 모습은 아름다워진다
인간은 영원한 존재의 의미로
맑고 깨끗한 이미지로 아름다워진다

인간은 영원한 존재의 의미에서
삶과 죽음의 갈림길에서 숭고해진다

인간은 살아가면서 서로의 관계 속에서,
삶 속에서 아름다움을 찾는다

인간은 알아가며
또 다른 어떤 이의 삶을 통하여
자신을 알아간다

그렇게 그 아름다운 관계를 영
원할 것이라 믿고 살아간다

그래서 인간은 깨달음으로
영원히 아름다운 영혼으로 남는다
육신이 타고 재로 남아도
그를 기억하는 모든 것으로...
인간은 영원히 영혼이 존재한다

지혜로움과 현명함

나는 언제나 저 하늘을 바라보며
높은 곳을 향하여
앞 길 만을 걸으려고 하였다
그래서 그 높은 곳을 향한
발걸음에 보이지 않는 번뇌에 빠진다
그래서 난 언제나 나만의 행복
그리고 평화만을 갈구 하였다
그렇게 하여 나 자신 그대로의 모습을
발견할 수 없는 무지함에 빠져들고 만다

지혜로움이란 그대로의
내 영혼을 바라보며
내면 깊숙한 곳에 자리한 삶의 슬픔과
기쁨이 어우러짐을 알아야 한다
현명함이란 가장 선하고
마음에서 우러나오는 침묵일 것이다
그리고 나는 현실의
하늘에 감사하고픈 마음을 가져야 할 것이다

그렇기에 나는 他人에게
나의 내면의 모습만을 보여야 할 것이다
나의 삶 속에서 가장 지혜롭고
현명함은 추억의 자리일 것이다
나의 이러한 번뇌는
나의 일종의 시련으로 되돌아올 것이다
바로 그러할 때
자연으로 돌아가
세상의 욕심과 번뇌를
텅 빈 꿈이라는 것을 알 것이다

자아 성찰

영혼은 자신이 살아 있음을 알게 한다
스스로의 내면에서
자아를 성찰하며
자신이 살아 있음을 알게 된다
삶의 영혼의 일부로서…

그 영혼이 자신의 내면에서
자아를 성찰하며
의식이란 것을 알아 간다
그 의식으로
자신의 모습을 바라보게 된다

훨씬 더 많은 깨달음으로
자신의 목소리에
귀 기울이게 된다

편견과 욕심으로
자신의 모습을 발견하는

어리석음은
자신을 몰락시킨다
그러나 자유의 모습으로
자신의 내면에서 발견하는 자신은
영원히 사라지지 않는다

그래서 우리는 큰 사람이 아닌
자유로운 영혼을 가져야 한다

삶의 지혜를 가지고
자신을 한없이 성찰하는
자유로운 영혼

우정

서로를 알아 간다는 것...
그것은 서로의 마음을 아낌없이 주며
서로를 구속하거나 힘들게 하지 않는 것
서로의 마음을 품을 수 있는 여유롭고
넉넉한 어깨를 주는 것
서로에게 가장 확고하고도
믿을 수 있는 것은 우정일 뿐 ...,
서로를 소중하게 섬기고 아끼어라!

서로의 진실된 삶은
바로 서로의 존재임을 알아야 한다
서로의 진실된 미소로
서로의 눈을 바라보아라!
그때 가슴속에서
자라난 우정이 보일 것이다
서로가 품고 있는
생각과 마음을 이야기하라!
진심으로...

서로의 마음과 영혼을 가득 채워주는
우정의 소중함을 알아야 한다
서로의 존재로부터
벅찬 환희 속에 우정을 나누어라!
그리하면 행복할 것이다

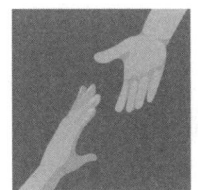

스쳐 지나는 한순간의 인연 속에서

스쳐 지나는 한순간의 인연 속에서
고통스러운 가슴 아픈 일이
없기를 원한다
삶에 자유롭지 못한 인연 속에서
전혀 깨닫지 못하는 아픔이 오거든
자신이 살아온 만큼
허전함을 갖게 될 것이다
아무리 뜨거운 가슴을 지니어도
저만치서 다가오는 아픔에는
초라한 모습일 것이다
바람이 불어올 때마다 아려 오는 아픔
그리고 슬픔에 헤매는 어둠
바람이 불어 잊혀지는 인연들에
의미를 두지 말라!
그 인연의 바람에는 지나온 일들을
함께 실어 불어온다
하룻밤이라도 자유롭게
지내고 싶은 마음으로 스쳐 보내라!

불어오는 바람에...
잊혀진 기억들이 되살아 오거든
반가운 미소로 맞이하라!
아픔이 잊혀질 때까지...
시간이라는 굴레 속에서 벗어나
외로움도 스쳐 보내라!
불어오는 바람에...
잊혀진 그림자들이 형상이 되어 오거든
반가운 미소로 맞이하라!
고통이 잊혀질 때까지...

자연을 바라보는 순수한 눈으로...

드넓게 펼쳐진 자연 속 숲길을
홀로 오래도록 걷고 싶다
걸으며 사색의 안개 속에서
드넓은 대지를 바라보고 싶다
순수한 몸과 마음으로
자연 속 공기를 마시고 싶다

자연을 바라보는 순수한 눈으로
이렇게 나는 홀로 걸으며
저 태양 아래서
모든 것을 알아가고 싶다

나는 조용한 숲길을 걸으며
누군가를 만나기를 바란다
나의 감추어진 모습을 현실적으로,
사실적으로 이야기를
해 줄 수 있는 누군가를...

나는 나의 자아를
스스로는 알지 못하기에...
무한히 더 숲길을 걷고 싶다
시간은 내 곁에서
말없이 조용히 스쳐 간다

그러기에 나는 오늘도
두려움에 떨며 숲길을 걷고 있다
나의 어깨에 놓인
인생의 무게에 밤이 찾아온다
자연 속의 눈길로...
드넓은 대지를
바라보아야 한다

삶에서의 자기애

한 사람을 그리워한다는 것
생각하고 의미를 둔다는 것보다
더 무거운
삶에서의 자기애일 것이다

바람과 비와 구름처럼
어느 순간 자신에게 다가와
자신의 모든 것에,
삶에 눈물이 되고 빛이 되어 간다
자신도 모르는 한순간

언제 어느 곳에서든 그리움으로
서로를 만날 수 있고
어느 모습, 형상으로든 서로를 잊어가며
그리움으로 쉬고 가는 시간들 잊혀질 수 있다
그리워하며 생각하며 의미를 둔다는 것
더 무거운
삶에서의 자기애에서 따라온다는 것

한 줄의 글로 남긴다

술을 마시며 가슴의 아픔이
눈물이 되어간다
숨길 수 없을 만큼 슬픈 마음을
한 줄의 글로 남긴다
세상에서 가장 슬픈 한 줄의 글로...
그냥 잊어버리고 떠나보내련다
무언가 잃어버린 것 같은 허전함에
한 줄의 글로 남긴다
어디에든 아프고 쓰린
마음의 슬픔은 존재할 것이다

삶을 살아가는 이유

잊어야 할 것은 잊고
눈물이 흐르면 흘리듯이
태연히 살아야 한다

살아 있으므로 바람과 비를 맞으며
삶의 희로애락이 자신의 몫이 된다
그래서 흘러가는 대로
맡겨 두어야 한다

누군가의 가슴엔 인생의 허전함을
누군가의 가슴엔 인생의 공허함을
이 모든 것들이 우연도 아닌
서로에 대한 만남을 위한 감정이다

오래오래 기억해 주기를 바라는 것이
허전함을 공허함을 채워가는 것이다
그렇게 스스로의 감정을 마지막에
한 번쯤은 돌아보아야 할 것이다

그렇게 서서히 깨달아 갈 즈음에
자신의 모습이 보일 것이다
헤어짐은 만남을 위하여
봄이 오는 것은
여름을 맞이하기 위하여

인생의 허전함을 공허함을 느끼는 것은
자신의 모습을 보기 위함일 것이다
그러기에 푸른 하늘
맑은 사람이 되어가고 싶다

죽음과 삶

죽음은 언제 어디에서든 찾아오는 것
죽음의 공포에 자신의 나약한 모습을 보이면서도
자신이 홀로임을 느끼지 못함은 인간이기에...
그래서 누구보다 더 열심히
자신의 모습에 책임질 수 있을 때까지
홀로 서야 한다

자신의 삶의 쓸쓸함에
지친 얼굴로 바라보는 자신의 모습
어둠이 밀려오는 지금처럼
짙게 드리우던 노을 그림자
때로는 이처럼 홀로 걸음을 걷고 있다

한순간의 잊어야 할 기억들을
가슴에 그리며 아득해진다
한순간의 침묵해야 할 때가 오거든
지친 발걸음을 멈추어야 한다
누구라도 죽음의 공포에

자신이 홀로임을 깨달을 때
하늘과 바다, 낮과 밤이 하나이듯
죽음과 삶도 하나이다

자신의 영혼이 어떤 모습으로 그리어지며
침묵의 견딜 수 없는 날들
그때 다시 태어남을 알아야 한다

자신의 아픔의 무게를 돌아보지 않고

위태롭게 찾아오는 것들은
산산이 부서져 흔적조차 없어질 것이다
허전한 모습으로 돌아서 홀로 걸어가는 것
자신의 손에 붙잡히지 않는 체념할 수밖에 없는 것
자신의 아픔의 무게를 돌아보지 않고
자신의 발을 동동 구르며 찾아오는 아픔들
그렇게 위태롭게 찾아온 만남에
헤어짐을 준비하는 순간들
시간이 지나면 지날수록
마음 한구석에 아파오는 아픔들
한순간의 스쳐 지나가는 만남은 잡을 수 없듯
자신의 체념에서 자신이 초래할 수밖에 없을 것이다
그래서 그 허전한 아픔을
또다시 겪지 않으려고 할 것이다
더 이상의 기다림의 허무함을 깨달은 날
결국 한 사람의 공허함은 웃음으로 자리 잡는 것
그렇게 혼자의 힘으로 견디어야 할 것이 인생이다
살아가면서의 기다림으로...

삶의 절박함

나 자신을 가장 직설적으로 바로 바라볼 수 있는 것은
절박함으로 진실된 눈과 마음으로
자신을 바라볼 때입니다
그때야말로 자신을 가장 바로 보게 될 것입니다
절박함으로 삶을 살아가야 합니다

자신의 삶이 깊어질수록
자신의 삶의 질이 높아질 것입니다
흐르는 강물처럼 삶을 되돌릴 수는 없습니다
그러기에 삶의 절박함으로 살아가야 합니다

꿈을 꾸면서 역동적으로 의연하게
자신을 바라보아야 합니다

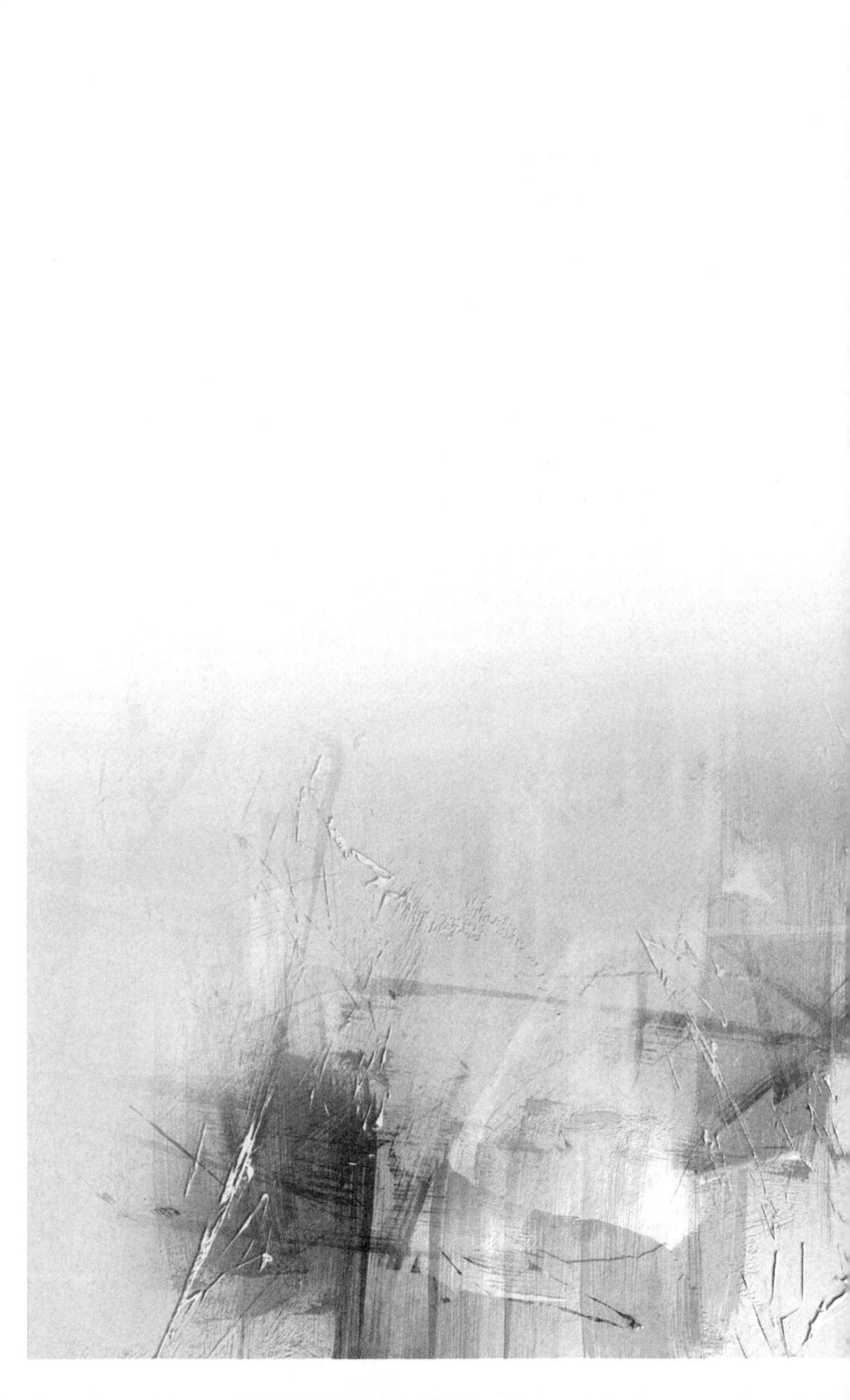

4부
존재의 까닭을 알게 되었다

꿈과 이상

나에게 삶을 살아가면서 나는
내가 말하고 생각하는 것들에 깊은 의미를 주고 싶다
무엇보다 나는 숨을 쉬며 존재한다는 것에
가치를 둘 것이다
그렇기에 나는 오늘도 걸으련다
주위 모든 사람들이 잠들어 있을 때 나는 걸으련다
석양이 지고 해가 뜨는 새벽녘에 나는
생각하며 살아가고 있다
나의 육체와 정신이 맑아지고 건강해질 때까지…
나는 나의 모든 것을 배워 간다
내가 꿈꾸며 이상향을 원하는 만큼 나는 알게 되었다
모든 사람이 자신의 꿈과 이상을 위하여
살아간다는 것을
내 자신의 꿈과 이상을 희망으로 갖는 것
진정으로 자유로운 것은 자신의 꿈과 이상을
실현하는 것

삶

삶은 유한 것이다
그리고 나는 그 유일한 삶을 살아가고 있다
세상에 실제보다 적게 존재하는 것이
나의 삶일 것이다
그러므로 나는 생각한다
왜 그런지 모르겠지만
내가 결코 삶을 포기하지 않는 이유일 것이다

참마음

남몰래 지니고 있음에 모르고 헤매는
암흑과 근심이 쌓이는 우리는 사람이다
그렇기에 캄캄하고 보이지 않는
벽만이 존재할 뿐 빛은 보이지 않는다
나의 영혼은 괴로움과 고통스러움에
방황하는 길을 걷게 된다
그러나 나의 영혼과 마음은 언제나
그 빛을 향하여 걷게 된다
삶의 고뇌를 감추고 삶의 애정으로
그 길을 걷고 싶다

나의 삶과 영혼에서 가장 귀중함은
현실... 바로 지금이다
그러므로 현실에서 하루하루를
삶의 전부라 여기며 걷고 싶다

스스로 자신의 삶을 배울 자세로
대자연의 이치를 깨달으련다

자연 속에 나의 본모습을 찾아
믿음직한 자유로운 영혼이 되고 싶다
마음속에 스스로 찾아오는
무언가에 참마음을 알게 될 것이다

그렇게 아주 조용히 조금씩 스며든다

때로 우리는 손을 잡고
사랑에 기대는 것이 전부라 여긴다
사람을 만나며 기대고
그 사람에게 마음을 주는 것이 전부라 여긴다
함께 있고 함께 숨 쉬며
바라보는 것이 전부라 여긴다
눈을 마주 바라보며
자신의 영혼을 상대방에게
보여주는 것이 전부라 여긴다
그렇게 진정으로 사랑의 가치를
자신 안에 지니게 되는 것

어두운 밤 어딘가에 언제나 한자리에서
빛을 발하는 별처럼 조용히 찾아오는 것
비록 눈으로 확인할 수 없는
서로의 마음을 읽어 나가는 시간들
그러한 시간들로 채워주는
인생의 황혼 녘에 마음으로 이야기 나누는 것

내가 누군가를 사랑하고
사랑받고 혼자가 아니라는 것

그렇게 문뜩문뜩 찾아오는 가슴 설레임
별일 아닌 걸로 자신에게 찾아오는
가슴 아픔 그리고 그리움
오늘 문뜩 내 귓가에 들려오는 서로의 목소리

그렇게 아주 조용히 조금씩 스며든다
자신의 가슴속에...

존재의 까닭을 알게 되었다

나 오늘 거울에 내 모습을 바라보며
존재의 까닭을 알게 되었다
무심코 거닐던 나그네의 모습으로
아쉬운 마음으로 세상을 바라보았다
한곳에 오래동안 서서 갈 길 잃은 모습으로
바라다볼 수 없는 그렇게
내 존재의 모습을 잃어가고 있었다
그리고는 한쪽의 길을 선택하고자 한다
발길이 가는 그곳에서
내 존재의 의미를 두고 싶다

먼저 걸어온 길보다는
더 나은 길로 걸어야 한다고...
내 지금의 그 모습으로
이 길을 걸음으로 인하여 먼 훗날 어디에선가
내 존재의 까닭을 알게 되겠지...
그리고 그것으로 인한
내 자신의 모든 것에 의미를 두겠지...

집착하지 않고
이 삶의 번뇌에서 벗어날 수 있겠지...
어리석은 者의 모습이
허무하게 사라지는 것처럼...
홀로 이 밤 앉아
모든 생각과 행동을 가지고 혼자서 가겠지...

그릇된 생각과 행동으로
괴로움과 고통에 신음하기보다는
어진 사람의 모습으로
삶의 진리를 찾아보련다
지혜와 용기를 지니고
조용히 하루를 생각하며

행복 II

삶의 행복과 만족감이란
자신의 내면 속에서 일어나는 것
근심과 걱정이 없다는 것,
마음에 안정이 있다는 것
그것만으로 삶의 행복과 만족감이란
충분할 때가 많을 것이다
그 자체가 필요 충분한
행복일 수 있음을…

삶의 행동, 습관 그리고 성격, 인격,
운명을 있는 그대로 받아들이는 것
삶의 자체에서 사람에게는
진정한 행복과 만족감이 존재하는 것
오늘도 푸르른 새 하늘이 밝아오듯
밤이면 다시 혼자만의 어둠이 찾아오는 것

그렇게 삶의 목표를 충실히 추구하며
숨 쉰다는 것에 만족을 하자!
그리고 나서 자신이야말로
삶의 행복함을 가지어라!
그것이 행복함과 삶의 만족감의
깨달음일 것이다
스스로 남들의 삶의 모습을 바라보며
항상 자신의 모습을 바라보아라!

정말로 행복함을 가질 수 있는 것은
스스로 할 수 있다고 생각하는 사람이다

진리를 알고 그곳에서 살아가는 사람

나는 이러한 삶을 살아가고 싶다
힘들어하고 지친 삶이기보다는
열정적이고 활동적인 삶
행동에 앞서가고 자신과의 약속에
더욱 많은 것을 지키려는 것보다는
스스로의 미래에 정당함을 주며
자신의 영혼을 가진 사람으로...
스스로의 미래에 겁내기보다는
뒤를 되돌아보며
자아를 바라볼 수 있는
현명한 사람으로

자신의 걸어온 삶에
선과 악의 길을
구별할 수 있는 지혜로움
자신의 삶에 큰 의미를 두기보다는
他人을 겸손한 마음으로
받아들일 수 있는 여유로움

모든 일에 있어 웃는 모습,
진실되고 노력하는 말로
이야기하는 사람으로…
그렇게 인생에 사랑과 환희
그리고 희망이 함께하는 사람으로…
불어오는 밤하늘의 바람 소리에
잠들고 싶다
때때로 밤하늘의 달을 바라보며
내일을 꿈꾸는 사람으로…

가슴 충만하고 안정된 삶에서,
빈자리에서 온유하고 자비로운 사람
함께 웃을 줄 아는 가슴 따뜻한 사람
진리를 알고 그곳에서 살아가는 사람
따뜻한 말 한마디로
사랑을 할 줄 아는 사람

물음표

마음속에 보이지 않고 풀리지 않는
모든 물음표에 대하여
인내하며 참아봄을 가져보자!
그 풀리지 않는 물음표에 정
답을 찾으려 하기보다는
인내하며 기다려 보자!
살아가면서 모든 물음표에는
정답이 존재할 것이다

자신이 어떤 무언가를 추구하며
이루어야 한다는 것은
삶에 물음표를 던져주며
그 정답을 찾으려 노력할 것이다
자신의 소망만으로 얻을 수 있는 것은
삶에 아주 미미할 것이다
소망이 무엇이건 성실하게 한 걸음,
한 걸음 걸으며 찾아야 할 것이다

세상의 모든 것은 시간이 흐르면서
지나가며 정답을 가져다준다
비가 영원히 내리지 않는다는 것처럼
삶에는 멈춤이 있어야 한다
이런 풀리지 않는 물음표는
언제나 존재한다

재미있게 살아 왔다고...

오늘 하루가 지나면 내일에는 존재할 것이다
그렇게 하루 만에 많은 일이 일어나는 것이 삶이다
그 어떠한 아무것도 없이
찾아오는 오래된 추억으로 오늘을 살아간다
어제보다 더 많은 사연으로 오늘을 맞이한다
그렇게 많은 것들이 어제를 위하여
그리고 오늘을 위하여 존재할 것이다

마지막 눈을 감기 전, 숨을 거두기 전
나는 눈물을 흘릴 것이다
그리고 말한다
"재미있게 살아 왔다고..."

길

길을 걷다 보면 나타났다가 사라지며 언덕에 오른다
가끔은 내가 가야 할 길을 아득히
저 하늘에 그리어 본다
떨어지는 밤하늘의 별들에 나의 손을 내밀어 본다
내 앞에 놓인 길을 조용히 생각하며 걸어 본다
그 길은 나를 나의 미래로 데려갈 길이었고
때로는 내 자신에게 꿈을 주기도 하며 심장을 뛰게 한다

나는 느끼며 그 길을 향한 여행을 떠난다
그 길을 걷다 보면 깨달음의 길에 이르게 할 것이다
내 자신 안에 있는 길에 유일한 의미를
또다시 내 발걸음을 그린다
그렇게 걷다 보면 나는 깨닫는다
내가 원하던 길을 걸어가 보면
그곳에 내가 있음을…
내딛는 내 걸음마다 의미 있는 존재임을…

종착지가 없는 길을 걸으며 나는 한눈에 보리라!

살다 보면, 살아가다 보면

마음에 충분함을 가진 사람의 얼굴은
만족함에 행복함을 갖게 된다
그렇습니다
자신의 마음에 조금 부족함이 있어도 힘든 일이 있어도
저 멀리 내다보고 마음의 여유를 가지고자 합니다
그러기에 매사에 진심으로 감사하고 또 감사합니다

살아가면서 해가 뜨고 지고 비가 오고 바람이 불어오듯
살아가면서 수많은 삶의 변화를 가지게 될 것입니다
가슴 깊이 사무치게 외로움을 가질 수도 있습니다
그러나
살다 보면, 살아가다 보면
맑은 날이다가도 흐린 날이 오듯 자연의 흐름입니다

인생을 살다 보면 감사하며 살아가는 입니다
그것만으로 충분함으로 살아가는 것입니다

받아들임

지금 이 순간 있는 자신의 모습 그대로
자기를 향한 모든 비난의 화살과 상처를 뒤로하고
진정으로 자기를 사랑하게 되는 받아들임
자신의 잘못함 개념하에 잘함도 함께 존재하는 것
자신의 영혼이 어떠한 의미로 만들어지는 것
모든 것을 받아들여야 한다

자신의 존재의 가치를 수용하는 것
그 순간을 있는 그대로 받아들이는 것
자신의 결함을 근본적으로 받아들이는 것
그때 나는 이 세상에 존재할 가치가 있다

어느 날 홀로 밤을 걷고 있을 때
문뜩 찾아오는 공허함을 피하지 말고 받아들이는 것
그것은 자신의 마음이 쉬고 있음을 의미하는 것

삶의 기도

어제의 꿈에는 내 가슴 깊은 곳에
지금으로부터의 고통에서 자유롭기를…
자신이 필요로 하는 모든 필요충분은
이미 내 자신 안에 있다
단지 자신에게 다가가야 할 자리에는
자신에 대한 사랑을 완전하게 만들어야 한다

자신의 삶의 욕구에 둔감하거나
침묵하지 말아야 한다
자신의 마음 챙김에 시간을 아끼지 말아야 한다
그러기에 삶의 고통에
마음의 자비를 가져야 한다
자신의 삶의 욕구를 위해서
세상에 손을 뻗어 기도해야 한다

그렇게 자기를 기도하게 하는 모든
괴로움과 행복에 진심으로
생각해 보아야 한다

너무 빨리 삶의 외로움에 항복하지 말고
내 마음으로 아쉬워하는 무언가를
자신의 목소리로 분명하게
만들어가야 할 것이다

기도하며 얻는다는 사실에 충실하자!

깨달음

우리는 살아가며 서로를 품에서
안아주는 여유로움과
안기는 사랑을 경험해야 한다
우리에게 주어지는 감당할 수 없는
크기의 괴로움과 고통이 따라와도 이겨 내라!
우리는 얼마간의 삶에서 고통과
괴로움을 부여받는 것이다
그것이 삶의 여정일 것이다

편안한 자세에서 잠시 자연스럽게
호흡하면서 뒤를 되돌아보라!
우리가 느끼는 상처나 슬픔,
수치심이나 두려움에 주의를 기울이며
살아가야 한다
숨을 한 번 들이쉬면서
우리의 연약한 삶의 한 부분을
스스로 어루만지고
의식의 공간에서 느껴보라!

우리가 스스로 자신을 되돌아볼때
정서적 안정과 느낌의 변화를 알 것이다

서서히 그 깨달음은 친절하게
자신에게 다가올 것이다

참다운 삶을 걸어가는 방법

참다운 삶을 걸어가고 싶다
그래서 스스로의 질문을 던져본다
나 자신이 지금 하는 일이 진정으로
얼마만큼의 가치가 있는 일인지?
나 자신이 지금 하는 일이 진정으로
누구의 행복을 위한 일인지?
나 자신이 과연 삶의 참다운 가치를
추구하고 있는 일인지?

그러기에 자신만을 위한 삶의
노력하는 수고는 공허함으로 온다
그러기에 물질적 富보다는
독립적인 근면, 정직을 추구하는 삶이
의미가 있을 것이다
사람이 추구하는 삶의 욕구는
시간의 흐름에 희석되지만
마음의 신념은 결코 희석되지 않는다

孝

부모님이 날 낳으시고 기르시니
슬프고 슬프도다
그 은혜를 갚고자 하여도
넓은 하늘과 같이 끝이 없구나!
자식이 부모님을 섬김에
공경함을 다하고
섬김에 즐거움을 다하고
자식이 부모님을 잃었을 때에는
그 슬픔을 다하고
엄숙함을 다해야 한다
부모님에게 孝를 행함에
항상 공손하며
어긋남이 없어야 할 것이며
부모님의 가르침에
어긋남이 없어야 할 것이다
부모님의 크신 사랑에
항상 감사함이
있어야 할 것이다

善과 惡

善을 행하며 살아야 할 것이다
그러기에 아무리 작은 惡을 행해서는 안된다
하루하루의 삶에 있어 善을 행하지 않는다면
모든 삶에 惡이 일어날 것이다
善은 매일매일 행하여도 부족하다 하였다
善을 쌓아 德을 베풀며 살아야 할 것이다
한 번의 善이 큰 德으로 자신에게 돌아올 것이다
善을 행함으로 福을 불러들이고
德을 행함으로 禍를 몰아낼 것이다
善을 행함에 있어 언제나 부족함을 알고
惡을 행함을 언제나 경계해야 할 것이다

하늘의 이치

하늘의 이치를 알고 그 이치를
거스르는 사람은 어리석음일 것이다
하늘의 이치는 고요하고 소리 하나 없이
멀리 있다 하지만 언제나
사람의 마음에 있다
사람의 마음이 어지러울 때에도
하늘의 이치는 크고 우레와 같을 것이다
사람의 마음이 나쁜 마음으로 가득하면
하늘의 이치는 언제나 벌을 줄 것이다
하늘의 이치는 보이지는 않으나
자신에게 언제나 존재하는 것이다
하늘의 이치에는 언제나 보답과 벌이
함께 존재하는 것이다
그래서 하늘의 이치를
언제나 마음에 새기며 살아야 할 것이다
사람의 명과 부귀는 하늘의 이치에 존재한다
사람의 행복과 부는 아무리 바람이 불고
벼락이 떨어져도 하늘의 이치에 존재한다

희망

희망을 갖고 살아요
삶의 기회는
운명처럼 다가옵니다
희망이 없다면
목적 없는 삶일 거에요

희망으로 주어진 일에
조용히 정성을 다해요

바람

바람이 불어오네요
약속도 연락도 없지만
홀로 바람을 맞으며 길을 걸어요
초행길에도 낯설지 않고 마음이 편해져요

바람이 불어 그냥 좋아요
한 잔의 커피 내음에 몸으로
그 바람을 맞으며 좋은 추억으로 빠져보아요
영롱한 물빛에 손을 담가 보며
좋은 추억으로 빠져보아요

바람에 몸을 맡기며 보아요
가슴 깊이 밀려오는 그리움에 울어 보아요
그리고
구름 한 점 없는 푸른 하늘을 보아요
행복합니다

행복할 것입니다

날마다 볼 수 있음에 한 번만 더
고맙다고 말해주세요
지금 이 순간 당신 곁에 있다는 것 …
그것만으로 감사한 일이지요
오늘도 푸른 하늘을 함께 볼 수 있음에
고맙다 말해주세요

살아가다 보면 마냥 행복한 날이 있을 것입니다
눈에 보이는 것
귀에 들려오는 노래를 마음으로 받아들이세요
행복할 것입니다

아침에 눈을 뜨면 감사함을 가지세요
맑고 상큼한 아침 공기에 시원함으로
다가올 것입니다
진실로 살아가며 아름다움으로
자신을 가꾸어 가세요
그러면 누구든 웃음으로 다가올 거에요

너

너는 나에게 그리움이 묻어 있는
출렁이는 아픔을 주었다
두 손 모아 기도하듯 간절함으로
너를 마음속에 그리어 본다
어디에도 닿을 수도 없고
보이지도 않는 그리움에
가슴이 메여오고는 한다
어두워지는 이 밤...
빛과 어둠 속에서
너의 존재를 그리어 본다

너는 나에게 한없이
안타까운 존재로
마음에 남아 있단다
너와 나는 나란히 각자
고개를 뒤로하고
이별을 맞이하였단다

서로 각자의 길에서
굳어가는 우리의 만남
언제 쏟아질지 모르는
그리움의 파도에
난 무너져 간단다
결국 헤어짐은 그렇게 되었단다
돌아올 수 없는 이곳에서 끝끝내
그렇게 돌아간다
너에 대한 그리움으로…

아픈 마음 허공에 띄우며
이 자리에 돌아와 서 있단다
너에 대한 그리움으로…

언제나 한마음으로...

조용히 눈을 감고 잠이 들지 못한 채
떠밀려 오는 옛 추억들
긴 침묵 속에서 떠밀려 오는
옛 추억들의 기억의 조각들은
나에게 세상 밖으로 나오게 한다
오랫동안 모두가 다 아는 삶의 사실처럼
나와 마주하고 있는
현실에 충실하고 싶다

무엇인가 느끼고 보여주려고
바람을 맞으며
흘러내리는 빗소리에 잠긴다
지금 불어오는 바람이 다시
멀리 불어 가는 바람처럼
나의 삶의 시간은 바람이다
불현듯 고개를 들어
창밖을 바라보며
한 세상의 여행을 준비한다

잠시 가벼운 마음으로 창문을 열어두고
여행을 떠나고자 한다
별이 지는 조용한 밤에
긴 여행을 떠나고자 한다
손끝에 느껴지는 바람을
선명함으로 받아들이는 삶
언제나 한마음으로...

마음을 보존하라

타인의 행복과 말 하나하나를 거울로 삼아
자신의 모습을 되돌아보아야 한다
타인의 잘못함에 용서할 수 있는 마음을 갖되
자신의 잘못을 타인에게
용서를 비는 사람이 되지 말아야 한다
부지런히 일하는 모습이 보배일 것이고
언행을 삼가함은 삶의 지혜이다
삶을 행복하고 안전하게 살아가는 者는
욕심을 적게 할 것이며 욕심을 버리고
삶의 樂을 얻을 것이다
마음이 깨끗하면 정신이 맑을 것이고
정신이 맑으면 편히 잘 수 있다
마음가짐을 언제나 바로 하고
타인을 대하면 자신의 덕이 쌓일 것이다
살아가며 모든 일에 너그러우면 저절로 복이 온다
살아가며 족할 줄 알고 살면
즐거울 것이고 탐욕에 쏠리면
근심으로 살아간다

순간순간의 시간에 당신을 기억할 것입니다

나에게는 언제나 당신이 함께 하였습니다
나의 영혼 깊은 곳에서도
당신에 대한 사랑은
그리움으로 존재합니다
하지만 나의 사랑은 이제
잡히지 않는 거리에 존재합니다
어떻게든 당신을 가슴 깊이
소중히 기억할 것입니다

가슴속의 깊은 침묵으로
난 당신을 기억하며 사랑할 것입니다
때로는 아픈 마음으로,
때로는 지나간 세월의 기다림으로,
순간순간의 시간에
당신을 기억할 것입니다

그러다가 나중에 기억 속에서 꺼내어
보고픔을 그리움으로 간직할 것입니다

자아(自我)

저 돌처럼 단단한 삶을
살아가고 싶다
몽상가의 꿈에서 벗어나 단단하고
끓어오르는 삶의 열정으로
살아가고 싶다
나의 마음과 진실을 품어
한마음으로 대하고 싶다
그렇게 소중한 인연을 맺으며
살아가고 싶다

가슴속에 통증의 깊이는
살아가면서 만남의 관계에
비약적으로 개념이 되어 간다
인간관계에 현실과 달리
수많은 복잡한 관계로 얽혀져 있다
나 개인의 존재감보다는
우리라는 존재감에서 소통을
나누고 싶다

인간관계의 소멸과 생성은
자아를 키워 준다

건너갈 수 없는 거리감에
자신을 내려놓고 남아 있는 것처럼
조용히 있으려 한다
그러면 그 현실과 달리 수많은
복잡한 관계로 나를 찾아온다

그렇게 건너갈 수 없는
건너편의 나의 자아를 바로 본다

사랑함에 이별의 종착지인가 보다

우리는 서로에게 아낌없는 푸른빛으로
마음을 나누며 사랑하였단다
두 손을 모아 나는 너의 입술에
부드러움을 느끼었단다
나란히 어디에든 두 손을 잡고
함께하리라 하는 믿음이 있었다

빛과 어둠 속에서 너의 존재는
나에게 사랑이라는 이름으로 찾아왔다
지금은 희미해지는 너의 눈빛에 마음은 아파온다
이것이 사랑함에 이별의 종착지인가 보다

너와 함께 하였던 그 순간의 공기 속에서
함께 숨을 쉬고 싶다
뒤늦은 후회만이 네가 없는 빈자리에서
나의 가슴의 허전함을 채워 준다
너의 그 아담하고 맑던 눈빛이 그리워진다

비 내리는 아침에...

이 하얀 종이 안에
한 번도 써지지 않은 단어들로 말하고 싶다
한 번도 말해본적 없는 마음의 단어들로 말하고 싶다
사랑하는 따뜻한 마음을 위해서라도
사랑하는 시간들을 위해서라도
그 단어들을 많은 사람들과 함께 호흡하고 싶다

모든 존재하는 것들의 진정한 의미를 알기 위해
어쩌면 경이로운 진실을 발견하는 것
그것이 나에게는 그것만으로 충분하다는 것
존재하는 것에 저마다의 다른 의미로
그것들을 말하고 싶다

때로는 바람이 부는 소리를 들으며
그 가치의 의미를 생각해 본다
비 내리는 아침에...

인연

우리는 서로의 눈을 더 많이 바라보며
긴 침묵 뒤에 이야기를 나누어야 한다
밤늦게 우리는 멀리 떨어져 있는 서로에게
"사랑해"라고 천천히 속삭여 주어야 한다

그 후에 우리는 그냥 서로의 숨소리에
귀 기울이어야 한다
진실한 믿음과 참된 사랑과 희망은
기다림 속에 있다
왜냐하면 인연은 그렇게 찾아오는 것

긴 침묵 속에 홀로 앉아 있으며
그토록 많은 마음속 소리에
충만한 삶의 존재로 남고 싶다
마음의 긴 침묵 속에
서로의 존재를 알아가는 것

자기 자신과 그렇게 하나 됨을 통해
우리는 모두 하나가 된다
어둠과 빛이 늘 함께한다
그렇게 나는 배워 간다
삶의 인연은 계속된다는 것을
내일이면 더 나은 인연이 찾아온다는 것을

나의 삶

나는 나의 지금의 삶을 사랑한다
비록 지금 이곳에서의 이러한 삶일지라도
내가 나 자신을 사랑함에
내가 사랑받는 존재라고 알게 되는 것
그래서 나는 나를 떠날 수 없다

나의 삶을 사랑하는 것 ...
감당할 만큼의 자신의 모습
신중히 여기며 두 손을 모아 움켜쥐듯
이 삶을 부여잡고
매력적인 눈빛으로, 매력적인 가슴으로
나는 나를 사랑할 거야

다시 또다시
바로 이 순간의 모든 것을

불현듯 스치고 지나가는 꽃내음

마음속에 빈자리를 채우고 싶어서 걸었습니다
유채색 꽃들의 만개함에 걸었습니다
그럴 필요 없지만 푸르름에 숨을 들여 보네요
불현듯 스치고 지나가는 꽃내음에 취해
노래 불러 보네요

스스로에게 물어봅니다
이 봄이 가기 전에 지나간 기억들로부터
자유로워지고 싶네요
멀리 보고 걸으려 합니다

조급한 마음으로 물살에 몸을 주기보다는
밀려오는 평온을 가지려 합니다

기다리고 있소

아직도 기다리오 계속 기다리오
못 견딜 것 같소
그리움의 목마름으로

밤이오
조용히 대화할 마음으로 기다리고 있소
가슴속에 기다림이 있기에
기억해 둘 만한 일이 있소
어떤 기다림에 설레임으로 다가오고 있소

아무것도 아닌, 모든 것을...

Memo

온북스
ONBOOKS